VENTE VOLONTAIRE

Par suite du décès de M. L...

CHEMINÉE EN MARBRE

1 — Cheminée monumentale ancienne, avec cariatides marbre blanc, couronnement même marbre ; corps, entablement et corniche en sarancolin; supportée par des modillons en jaune fleuri ; surmontée d'une horloge en marbre blanc ; cannelures et filets sculptés au centre ; à droite et à gauche. deux vases en chipolin vert.

Provient de la Duchesse d'Angoulême.

(Vente Simon).

Haut. : 2ᵐ.10 ; Larg. : 2ᵐ.25.

MEUBLES

2 — Beau Meuble d'entre-deux, reproduction d'un riche modèle Louis XVI, en marqueterie de bois à quadrillages et motif à vase de fleurs au centre, garni d'une frise de rosaces, de guirlandes et de moulures en bronze doré. Dessus de marbre brèche.

Exécuté par la Maison Zwiener.

3 — Beau Meuble de style Louis XIV, reproduction d'un modèle de Boulle, en marqueterie d'écaille, de

8 Mai 1899 V

1º VENTE VOLONTAIRE

Par suite du décès de M. L...

MEUBLES D'ART

De style Louis XIV et Louis XVI, par ZWIENER

SALLE A MANGER, SIÈGES
CHAMBRES A COUCHER, CHEMINÉE MONUMENTALE EN MARBRE
BRONZES D'AMEUBLEMENT, TENTURES ET TAPIS

2º VENTE VOLONTAIRE

D'Objets de diverses provenances

MEUBLES ANCIENS ET MODERNES

Gravures en couleur du XVIIIᵉ siècle

SCULPTURES ET BRONZES D'ART

Par FAURE DE BROUSSE, CLÉSINGER, etc.

ARGENTERIE, VITRAUX ANCIENS, ARMES

Tableaux Anciens et Modernes

OBJETS DIVERS

HOTEL DROUOT — SALLE Nº 1

Les Lundi 8 et Mardi 9 Mai 1899

A DEUX HEURES

Mᵉ Frédéric LECOCQ	M. B. LASQUIN
COMMISSAIRE-PRISEUR	EXPERT
41, rue Richer, 41	12, rue Laffitte, 12

EXPOSITION PUBLIQUE

Le Dimanche 7 Mai 1899, de 1 heure 1/2 à 5 heures 1/2

IMPRIMERIE MAULDE ET RENOU

MAULDE, DOUMENC & Cie

IMPRIMEURS DE LA COMPAGNIE DES COMMISSAIRES-PRISEURS

Rue de Rivoli, 144. — Paris

CONDITIONS DE LA VENTE

Elle sera faite au comptant.

Les Acquéreurs paieront CINQ POUR CENT en sus des adjudications.

MAULDE, DOUMENC et Cⁱᵉ, imprimeurs de la Cⁱᵉ des Commissaires-Priseurs
rue de Rivoli, 144   400—81191

—

VENTE VOLONTAIRE

Par suite du décès de M. L...

—————

CHEMINÉE EN MARBRE

1 — Cheminée monumentale ancienne, avec cariatides
marbre blanc, couronnement même marbre ; corps,
entablement et corniche en sarancolin; supportée
par des modillons en jaune fleuri ; surmontée d'une
horloge en marbre blanc ; cannelures et filets sculptés au centre ; à droite et à gauche, deux vases en
chipolin vert.

 Provient de la Duchesse d'Angoulême.
 (Vente Simon).

     Haut. : 2^m.10 ; Larg. : 2^m.25.

MEUBLES

2 — Beau Meuble d'entre-deux, reproduction d'un
riche modèle Louis XVI, en marqueterie de bois à
quadrillages et motif à vase de fleurs au centre, garni
d'une frise de rosaces, de guirlandes et de moulures
en bronze doré. Dessus de marbre brèche.

 Exécuté par la Maison Zwiener.

3 — Beau Meuble de style Louis XIV, reproduction
d'un modèle de Boulle, en marqueterie d'écaille, de

cuivre et d'étain. richement orné de bronzes ciselés et dorés. Dessus de marbre brèche.

De la Maison ZWIENER.

4 — Beau Meuble à deux corps, style Henri II, en poirier sculpté et noirci, orné de colonnettes cannelées et de deux médaillons, Bacchus et Cérès, en émail.

Le haut forme cabinet avec tiroirs à l'intérieur, incrustés d'ornements en ivoire.

Exécuté par la Maison SCHMIDT.

5-6 — Deux Tables à jouer en bois noir incrusté de filets et d'ornements en marqueterie d'étain et de cuivre.

7 — Table de style Henri II en noyer sculpté à entre-jambes et balustres.

8 — Porte-Manteau en chêne ciré, à fond de glace.

9 — Porte-Chapeaux champignon, en chêne noirci.

10 — Ameublement de salle à manger en noyer sculpté, style Renaissance, composé d'un buffet-étagère, deux dressoirs, une table et douze chaises garnies de cuir genre de Cordoue.

11 — Table de service à pieds fuselés et cannelés, en noyer.

12 — Grande Table à quatre rallonges, en bois noir.

13 — Deux grands Fauteuils, style Louis XIII, en noyer, garnis de tapisserie imitation à figures et ornements.

14 — Quatre Chaises de style Henri II, en noyer, garnies de velours de Gênes vert et rose.

15 — Deux Chaises légères, genre Louis XV, en noyer sculpté et soierie.

16 — Deux Chaises, genre Louis XIII, à dossier ajouré et sculpté.

17 — Canapé et deux Fauteuils en soierie et broderie avec torsades en peluche grenat.

18 — Deux Fauteuils capitonnés, en satin chaudron.

19 — Deux Chaises chauffeuses, en satin capitonné.

20 — Deux Décorations de fenêtres avec lambrequins en étoffe marron brochée à fleurs, stores en soie jaune.

21 — Deux Fauteuils en velours frappé marron.

22 — Deux Chaises en bois sculpté, garnies de drap rouge.

23 — Petite Chaise, genre Louis XV, garnie d'étoffe fond jaune.

24 — Deux Chaises, genre Henri II, garnies de peluche grenat.

25 — Six Chaises, genre Louis XIII, en noyer, garnies d'étoffe brochée à fleurs.

26 — Deux Chaises en noyer, genre Renaissance, en velours de Gênes vert.

27 — Petite Chaise, genre Louis XV, à dossier canné et doré.

28 — Chaise, genre Louis XVI, en bois noir et or.

29 — Lit, Armoire à glace et Table de nuit en palissandre.

30 — Armoire à deux portes pleines en acajou.

31 — Toilette-Lavabo en pitchpin, dessus de marbre.

32 — Deux Lampes en cuivre.

33 — Lit et Commode en palissandre.

34 — Table de nuit en bois noir.

35 — Armoire en noyer.

36 — Ecran de style chinois, en bois découpé et sculpté.

2.

37 — Etagère japonaise gigogne, en laque.

38 — Petite Table à pied en bois doré, dessus en peluche.

39 — Toilette-Lavabo en noyer, dessus de marbre avec glace.

40 — Deux Chaises, genre Louis XIII, en chêne sculpté.

41 — Garniture de fenêtre en cretonne.

42 — Deux Cheminées à gaz à réflecteur.

43 — Galerie de foyer en bronze doré. Ecran pare-étincelles en cuivre.

44 — Différents Appareils à gaz pour cabinet de toilette.

45 — Meubles divers.

46 — Cuisine, Batterie en cuivre, meubles en hêtre.

BRONZES

47 — Pendule en marbre noir et bronze.

48 — Deux Candélabres à huit lumières sur vases Clodion en bronze de BARBEDIENNE.

49 — Pare-Étincelles écran.

50 — Deux beaux Chenets carquois, avec guirlande en bronze doré.

51 — Grand Lustre genre Louis XVI, en bronze doré, garni de cristaux.

52 — Suspension de salle à manger en cuivre poli de LEROLLE, avec lampe et seize bougies.

53 — Cartel de style Empire, par LEROLLE, en cuivre poli.

54 — Jardinière ovale en cuivre poli à ornements et têtes de femmes.

55 — Deux Candélabres à sept lumières, genre Louis XIV en cuivre poli.

56 — Deux Chenets genre Louis XIII, en cuivre à boules et mascarons.

57 — Suspension de billard de Gagneau, en bronze doré (éclairage au gaz).

58 — Une Applique à une lampe et six bougies au gaz, en bronze doré, genre Renaissance.

59 — Petite suspension à six lumières en bronze à émail cloisonné de Barbedienne.

60 — Suspension de style chinois en bronze de Barbedienne, et émail cloisonné de Chine.

61 — Deux Flambeaux en cuivre ajouré, genre Renaissance.

62 — Pelle et Pincettes et Portoir en fer poli, Écran pare-étincelles en cuivre.

63 — Suspension à gaz à quatre becs, en bronze doré.

TENTURES ET TAPIS

64 — Deux Garnitures de fenêtres en peluche olive et bandes à dessins oriental.

65 — Deux Garnitures de fenêtres en étoffe bleue avec bandes en imitation de tapisserie.

66 — Grand Tapis de table en drap vert, avec bande de tapisserie à fleurs.

57 — Tenture de lit avec couvre-lit et tenture de fenêtre en brocatelle à ornements sur fond jaune.

68 — Chaise chauffeuse garnie de même étoffe.

59 — Coffre à bois garni de velours à tapisserie.

70 — Cinq Tapis en moquette à dessin Smyrne.

DEUXIÈME PARTIE

—

Objets de diverses provenances

—wwwww—

GRAVURES EN COULEURS
DU XVIIIᵉ SIÈCLE

71 — **Debucourt.** Frascati.

72 — **Janinet** (d'après LAVREINCE). L'Indiscrétion.

73 — **Janinet** (d'après LAVREINCE). La Comparaison.

74 — **Janinet** (d'après BOUCHER). La Toilette de Vénus.

TABLEAUX ET DESSINS

75-77 — **Allongé.** Trois Dessins.

78 — **Beauverie.** Paysage.

79 — **Darmoncourt** (1779). Deux Portraits de Femmes. Dessins rehaussés, forme ovale.

80 — **Ecole française.** Portrait de Femme en buste, coiffure poudrée avec plumes, manteau rouge brodé. Forme ovale.

81 — **Ecole française** (xviiiᵉ siècle). Déjeuner d'Artistes. Six personnages sont réunis autour d'une table chargée de fruits et de desserts ; l'un d'eux, à gauche, fait de la musique ; un autre tend son verre à un serviteur.

82 — **Forest** (Jean). Portrait d'un Artiste graveur. En buste, la main droite appuyée sur un carton. coiffé d'une toque. H. 0ᵐ73, L. 0ᵐ58, cadre ovale Louis XIV.

83 — **Huet** (?). Pastorale. Dessin à la plume et à l'aquarelle.

84 — **Leclair**. Fleurs et Fruits.

85 — **Van Loo**. Portrait d'Homme. Assis devant un bureau sur lequel il écrit.

86 — **Oudin** (1850). Marine.

87 — **Riba** — Paysage.

88 — **Watteau de Lille** (Attribué à). Campement militaire.

89 — Grande Toile : Port de Mer.

90 — Grande Toile : Sujet guerrier.

91 — Tableau : Médaillon Buste de Femme.

92 — Tableau : Vaches aux champs.

93 — Tableau : Atelier d'Artiste.

94-97 — Quatre Aquarelles sous verre.

98 — Gravure encadrée.

99 — Deux gravures encadrées : Le Tasse et la Princesse Léonore ; Marie Stuart.

SCULPTURES ET BRONZES D'ART

100 — **Marbre blanc.** Buste de femme, la chevelure ornée de roses, par FAURE DE BROUSSE. 1876.

101 — Buste de Lucrèce, par CLÉSINGER ; bronze de MARNHYAC.

102 — Grand groupe en bronze : Vénus et l'Amour.

102 *bis* — Statuette de Diane, marbre blanc du temps de l'Empire.

ARGENTERIE

103 — Plat ovale du xviiiᵉ siècle, en argent repoussé.

104 — Deux Moutardiers de style Louis XVI, en argent ciselé.

105 — Deux Girandoles à quatre lumières, de l'époque Louis XV, en cuivre argenté.

BRONZES D'AMEUBLEMENT

106 — Pendule et deux candélabres en bronze doré et porcelaine décorée; les candélabres montés sur des vases.

107 — Deux Candélabres en marbre et bronze.

108 — Deux Sujets sur pieds en bronze.

109 — Un Vase en bronze.

110 — Grande Lanterne en cuivre.

111 — Jardinière en bronze, avec zinc a l'intérieur.

112 — Pendule en marbre vert surmontée d'une figure de penseuse.

113 — Pendule style Louis XVI à volutes, deux Candélabres et deux Flambeaux en cuivre.

114 — Statuette de Boudha, en bronze.

115 — Deux groupes des chevaux de Marly.

116 — Un Ane, un Coffret et trois pièces en bronze et cuivre.

117 — Deux Flambeaux anciens en cuivre argenté et deux Appliques.

118 — Deux Candélabres en bronze et marbre.

119 — Pendule en marbre et bronze doré, avec figure
de Cléopâtre.

PORCELAINES

120 — Deux grandes Vasques, en terre émaillée de
Chine, sur leurs supports.

121 — Jardinière en porcelaine et biscuit (brouette traî-
née par trois enfants).

122 — Coupe en cristal, forme conque.

123 — Deux vases porcelaine décorée à fleurs.

124 — Potiches en porcelaine.

125 — Grand Vase en porcelaine de Chine avec pied
en bois noir.

126 — Fontaine-applique et Vases-appliques en porcelaine de Chine.

127-131 — Diverses pièces en porcelaine décorée: Tasses,
Déjeuner, Vases, Statuettes.

132 — Figurine de femme debout, en porcelaine de
Saxe.

133 — Six manches de couteaux en ancien émail de
Chine.

VITRAUX

134-137 — Huit Volets de fenêtres, composés de vitraux
anciens et modernes.

ARMES ET DIVERS

138-147 — Quarante-huit pièces d'armes diverses : Fusils, Pistolets, Epées, Rapières, Sabres, Lances, etc.

148 — Panoplie composée d'armes africaines : casse-têtes, yatagans, kriss malais, flèches, carquois, etc.

149-150 — Deux Plaques en émail, d'après HENNER : Tête de Femme et la Vérité. Cadre en peluche.

MEUBLES

151 — Étagère contournée, genre Louis XV, en bois sculpté et doré.

152 — Deux Gaînes de style Louis XVI, en bois sculpté à guirlandes et peint.

153 — Un Support formant jardinière Empire, en acajou.

154 — Guéridon à trépied, en bois marqueté.

155 — Chaise Louis XIV, bois sculpté et soie verte.

156 — Miroir-Applique à bordure dorée.

157 — Cabinet en bois noir à filets dorés.

158 — Armoire en ébène, démontée.

159 — Quatre Fauteuils et deux Chaises en noyer et peluche de lin grenat.

160 — Trois Fûts de colonnes en stuc.

161 — Casier à musique, en bois noir.

162 — Deux Glaces-Appliques à trois lumières.

163 — Six Tableaux en porcelaine peinte. Cadres en bois noir.

164 — Coffre en ébène sculpté.

165 — Console en acajou Empire.

166 — Glace avec cadre en ébène.

167 — Meuble italien à deux corps, en marqueterie d'ivoire.

168 — Petite Table bois noir à filets dorés, avec marbre rouge.

169 — Deux Encoignures en acajou Louis XVI, dessus de marbre.

170 — Chaise en bois doré dossier lyre.

171 — Petit Fauteuil style Louis XV, en bois sculpté et canne dorée.

172 — Trois Chaises genre Louis XIII, garnies de cuir.

173 — Deux Glaces cadres bambou.

174 — Lanterne d'antichambre en fer.

175-176 — Meubles de chambre à coucher en pitchpin : un Lit, deux Armoires à glaces, une Table de nuit.

177 — Lit en acajou.

178 — Divers Paravents.

179 — Plusieurs fragments de Tapis de la Savonnerie.

180 — Porte-Manteaux genre bambou.

181 — Ustensiles de gymnastique.

182 — Meubles de jardin : Bancs, Fauteuils, Table,

183 — Charrette anglaise, Voitures d'enfant.

184 — Literie : trois Matelas, un Traversin.

185 — Deux Matelas d'enfant.

186 — Lit-Cage.

187 — Rideaux, Tapis.

188 — Coussins.

189 — Meubles de cuisine, chaises paillées.

190 — Ustensiles de cuisine.

191 — Six Chaises rocaille à dossiers élevés garnis de canne.

192 — Commode Louis XVI à dessus en bois.

193 — Une Panetière.

194 — Lit-Commode et Secrétaire en acajou.

195 — Petit Secrétaire-Chiffonnier en bois de rose.

196-198 — Trois Meubles d'entre-deux en marqueterie, genre Boulle.

199 — Bibliothèque en acajou.

200 — Chiffonnier-Secrétaire en acajou.

201 — Chenets en bronze avec lévriers et ustensiles de foyer.

202 — Pendule en marbre, sujet en bronze.

203 — Deux Aiguières, porcelaine gros bleu, montées en bronze.

204 — Meubles divers, Cave à liqueurs, Fauteuil, Chaises, Toilette, Tables.